So ist das Leben!

Brendow
Buch · Kunst · Verlag

Impressum
Redaktion/Konzeption:
Stephan Volke
im Auftrag von ProChrist e.V., Kassel
ISBN 3-87067-687-6
Edition C, T 344

Einband- und Innengestaltung:
Kortüm + Georg,
Agentur für Kommunikation, Münster
Fotos:
S. 6-8: Ralf Husemann
S. 11: dpa Bildarchiv
S. 12: Hoffmann und Campe Verlag
S. 17: ZDF-Bilderdienst
S. 18: privat
S. 21-23: Foto- und Werbestudio Weiss
S. 25: Frank-Michael Rommert, privat
S. 27: Teamfoto Bergmann + Marquert
S. 30: Reinhard Radlingmayr, privat
S. 32: Pila Music
S. 37: Bildstelle und Denkmalarchiv
Stadt Nürnberg
S. 38-45: ProChrist
S. 47: Bongarts
Druck und Bindung: Clausen & Bosse, Leck

Printed in Germany

Inhalt

Herzlich willkommen...

Vielleicht haben Sie dieses Buch von Freunden oder Bekannten geschenkt bekommen. Vielleicht wurde es Ihnen auf der Straße in die Hand gedrückt, oder Sie haben es in Ihrem Briefkasten gefunden. Wie dem auch sei, nun halten Sie es in der Hand und haben bereits angefangen zu lesen.

Sicher haben Sie schon beim flüchtigen Durchblättern festgestellt, daß es einige ungewöhnliche Aussagen enthält: Bekannte und weniger bekannte Menschen erzählen, was für sie im Leben wichtig ist. Offen und ehrlich bekennen sie Farbe. Ihre Themen gehen eigentlich jeden an: Glück, Erfolg, gute Beziehungen, Freiheit, sinnvolles Leben. Die Autoren heißen Sie in ihrem Leben „Herzlich willkommen" und nehmen Sie mit auf eine Entdeckungsreise.

„Herzlich willkommen" – dieses Motto gilt aber auch noch in einer anderen Hinsicht, denn dieses Büchlein möchte Sie mit einer besonderen Veranstaltungsreihe bekannt machen: ProChrist ´97. Informationen zu dieser außergewöhnlichen Aktion finden Sie im hinteren Teil. Über Satellit wird die Veranstaltung vom 9. bis 15. November 1997 aus Nürnberg live in über 550 Orten übertragen. Auf der Rückseite des Buches lesen Sie, wo in Ihrer Nähe.

Gehen Sie mit auf Entdeckungsreise?
Es lohnt sich.

Der Mann, der vom Himmel fällt

Ralf Husemann: Weltmeister im Fallschirmspringen

Der dreijährige Ralf Husemann klettert immer wieder aufs Dreimeterbrett. Schwimmen kann er noch nicht, aber er springt. Unten schwimmt sein Vater und zieht ihn heraus. „Er hatte schon immer den Drang, vom Himmel zu fallen“, sagt seine Mutter heute.

Ralf Husemann wird erwachsen und macht größere Sprünge. 4600 insgesamt, am seidenen – Pardon, am Kunstoffaden – hängend: Mit dem Fallschirm springt Husemann nach ganz oben. Er wird dreimal Deutscher Meister, Europameister, Vizeweltmeister im zivilen Bereich, mehrfacher Vizeweltmeister und doppelter Weltmeister im militärischen Bereich. Und einer wie er, der wohl alles erreicht hat, sagt heute: „Ruhm kann ein ganz schöner Stolperstein werden!“ Der freundliche Mittdreißiger wird ernst, als er das sagt. Auch als Weltmeister im Fallschirmspringen scheint er nicht nur Höhenflüge erlebt zu haben.

Mit der Mannschaft gewinnt Husemann bald diverse Titel, darunter zwei Bronzemedaillen bei der Militärweltmeisterschaft in Abu Dhabi ’85. Doch dann die persönliche Katastrophe: Die Deutschen Meisterschaften und die Olympiade in

Seoul stehen vor der Tür. Bei einer Landung in Österreich 1987 verletzt Ralf sich schwer am Sprunggelenk. Die Verletzung ist schmerzhaft, doch damit nicht genug. Sein Arzt in München stellt die niederschmetternde Diagnose: Es ist aus mit dem Springen, kein Leistungssport mehr! Und er rät: „Ich würde mir ein völlig neues Lebensziel suchen!“

Innerlich am Boden zerstört gerät Ralf ins Grübeln über Sinn und Unsinn seiner Medaillen. Sport war sein Lebensinhalt bis hierher. Und der wichtigste Punkt in seinem Leben der 5 cm große Zielpunkt, den er beim Springen treffen mußte. Freundschaften und seine Familie waren ihm immer weniger wichtig geworden. Als einsamer Kämpfer steht er jetzt da, seiner Träume beraubt. Und er erinnert sich an Gott, von dem er in seiner Kindheit in einer kirchlichen Jungschargruppe viel gehört hatte.

„... schließlich wollte ich nicht vor diesem Gott schwach werden, sondern ein großer Löwe im Sport sein!“

Daraufhin nimmt Ralf Husemann Kontakt mit der christlichen Initiative „Sportler ruft Sportler“ auf: „Wir kamen ins Gespräch, und ich hab’ mich gegen die Inhalte der Bibel gewehrt“, sagt er, „schließlich wollte ich nicht vor diesem Gott schwach werden, sondern ein großer Löwe im Sport sein!“ Husemann: „Irgendwann bin ich dann aber darauf gekommen, daß mein Lebensziel nicht gut für mich war.“ Sein Lebensziel war bis dahin der sportliche Erfolg um jeden Preis. „In der

Bibel wurden mir aber völlig andere Werte vorgestellt. Und ich stellte fest, daß ich mir bei Gott nicht die Sporen abrennen muß, um anerkannt zu sein", sagt er, „der nimmt mich so, wie ich bin, mit meinen Schwächen, mit meinen Fehlern!" Im Krankenhaus schließlich trifft Ralf Husemann eine Entscheidung fürs Leben. Nachdem er sich länger mit der Bibel auseinandergesetzt hat, wird ihm deutlich: „Die Geschichte von Jesus Christus, der für den Menschen gestorben ist, gilt auch mir heute!" Und er glaubt: „Wer dieses Geschenk annimmt, der hat alles im Sack!"

„Gott nimmt mich so, wie ich bin, mit meinen Schwächen, mit meinen Fehlern!"

Ein halbes Jahr später kommt sein Arzt auf ihn zu: „Also, ich kann mir das nicht so recht erklären, aber der Zustand deiner Gelenke ist so weit wieder hergestellt, daß ich dir grünes Licht geben kann!" Ralf Husemann fängt wieder an zu trainieren. „Diesmal unter völlig neuen Voraussetzungen", wie er sagt.

Im nachhinein klingt's wie ein altes Heldenepos: Der geläuterte Held kommt zu Ruhm und Ehre. Die Zeit seiner größten Erfolge beginnt. Er steigt wieder auf in die Weltspitze und sahnt hier voll ab. Zuerst holt er diverse Vizeweltmeistertitel mit der Mannschaft im zivilen und militärischen Bereich. 1992 auf der Militärweltmeisterschaft wird er schließlich noch mal Vizeweltmeister mit der Mannschaft in der Kombination und im Zielspringen. Außerdem Vizeweltmeister im Figurenspringen und endlich: doppelter Weltmeister im Einzelziel- und Kombinationsspringen.

Ralf Husemann, ein Mann zwischen Himmel und Erde. Ein Mann, der am Boden lag und der jetzt mit beiden Beinen darauf steht. Ein starker Typ mit Schwächen. Und ein ungewöhnlicher Typ.

Rainer Schacke

Ein Platz an der Sonne

Auf der Schnellstraße durchs Leben?

Geht Ihnen das auch manchmal so? Da hat das Jahr gerade angefangen, da ist es schon wieder vorbei. Da meinen Sie, gerade sei Ihr Kind trocken geworden, da kommt es in die Schule. Da haben die „lieben Kleinen“ doch gerade erst ihr Abitur gemacht und kommen auf einmal im Anzug und mit Krawatte nach Hause. Komische Welt!

Warum erstaunt es uns eigentlich so, wenn auf einmal Dinge in unserem Leben passieren, die doch schon seit längerer Zeit abzusehen waren? Weil wir uns nur schlecht damit abfinden können, daß die Zeit nicht stehenbleibt! Manchmal habe ich den Eindruck, als verliefe mein Leben wie eine Fahrt im Eiskanal: Kaum habe ich mich in den Bob gesetzt, geht's in rasantem Tempo die Bahn entlang.

Die Zeit fliegt, und wir fliegen mit ihr. Da gibt es Leute, die uns sagen, wir sollten immer nach vorne sehen. Gar nicht über die Vergangenheit nachdenken, keinen Blick zurückwerfen und schon gar nicht stehenbleiben. Immer vorwärts, mit Volldampf in die Zukunft.

Warum eigentlich? Warum lassen wir uns von anderen vorschreiben, wie wir zu leben haben? Warum lassen wir die Antreiber mit ihren Peitschen durch unser Leben trampeln und leben nach ihrem Taktschlag? Die Modemacher, Medien und Trendforscher, die uns genau sagen, was wir zu denken und wie wir zu leben haben.

Da las ich vor kurzem einen kleinen Spruch, der mir zu denken gab:

„Zeit ist keine Schnellstraße zwischen Wiege und Grab, sondern Platz zum Parken in der Sonne.“ Spontan dachte ich, diese Lebensweisheit müsse wohl von einem Kurdirektor aus Bad Reichenhall oder dem Seelsorger eines Altenpflegeheims in Eutin stammen. Aber es war ein Theologe, der sie formuliert hatte: „Zeit ist Platz zum Parken in der Sonne“?

Nun wissen wir, daß Parken immer etwas kostet. Je nachdem, wo wir parken, kostet es sogar sehr viel. Und das ist unser Problem. Wir glauben nämlich, es würde uns zuviel kosten, wenn wir in unserem Leben des öfteren parken (sprich: innehalten). Zum Beispiel meinen wir, wir könnten etwas verpassen und verhalten uns wie in einem großen Freizeitpark, den wir gar nicht genießen können, weil wir innerhalb weniger Stunden alle Attraktionen erlebt haben wollen. Zum Schluß sind wir müde und völlig fertig, weil wir zwar unheimlich viel erlebt haben, aber nichts so richtig.

„Zeit ist keine Schnellstraße zwischen Wiege und Grab, sondern Platz zum Parken in der Sonne.“

Was könnte denn passieren, wenn wir uns immer wieder in unserem Leben die Parkplätze in der Sonne suchen? Zum Beispiel könnten wir auftanken, die Sonne genießen und uns von der Hetze erholen. Wir könnten auch über uns nachdenken und uns wesentliche Veränderungen oder Eckpunkte in unserem Leben vor Augen führen. Wir könnten bestimmte Weichenstellungen nachvollziehen und erkennen, welche Auswirkungen sie auf unsere derzeitige Lebenssituation hatten.

Wir könnten tatsächlich einige Wege in unserem Leben besser verstehen. Und wir könnten Gott besser kennenlernen und mit ihm über unser Leben ins Gespräch kommen.

Scheint gar nicht so dumm zu sein, dieser Gedanke mit dem Parkplatz in der Sonne ...

Stephan Volke

„Leben heißt: Zeichnen ohne Radiergummi.“

Zitate zum Thema Bibel

„Die Bibel ist für mich
wie ein täglich Brot.
Mit der Bibel an meiner Seite,
das heißt mit Gott
in meiner Nähe, bin ich
gestärkt und getröstet.
Die Bibel ist mehr als ein Buch."

Hanns Dieter Hüsch

„Seit meiner Kindheit
hat mich die Bibel
mit der Vision
des Weltschicksals erfüllt
und mich bei
meiner Arbeit inspiriert."

Marc Chagall

„Ich habe keine Probleme
mit den Stellen in der Bibel,
die ich nicht verstehe,
sondern vielmehr mit den
Stellen, die ich verstehe!"

Mark Twain

Zwischen Bestseller und Bibel

Interview mit dem Erfolgsautor John Grisham

Jeder seiner Romane hat bisher Spitzenpositionen auf den Bestsellerlisten erreicht. Wer noch keinen davon gelesen hat, der hat vielleicht aber die Kino- oder Fernsehversionen verfolgt: *Die Firma*, *Die Akte*, *Der Klient* oder *Die Jury* haben ebenso für Aufsehen gesorgt wie der Bestseller *Der Regenmacher*. Grishams Bücher haben sich weltweit in Millionenhöhe verkauft. Im Jahr 1991 wurde der ehemalige Anwalt aus Oxford/USA über Nacht zum Star. Im folgenden Interview lüftet er einige seiner verborgenen Seiten.

Einige Kritiker sagen, daß Ihre Bücher vorwiegend von „Gier" handeln. Sehen Sie das auch so?

Grisham Sie handeln von Anwälten. Ich weiß nicht, ob diese beiden Dinge automatisch miteinander Hand in Hand gehen. Ich selbst war über zehn Jahre als Anwalt tätig. Also schreibe ich über das, was ich kenne. Meistens schreibe ich über Rechtsanwälte, die in aufregende Situationen geraten, aus denen sie herauszukommen versuchen.

Warum glauben Sie, verkaufen sich Ihre Bücher weltweit so gut?

Grisham Ich habe viele Kritiken gelesen, in denen stand, daß meine Bücher unterhaltsam sind. Darüber hinaus haben sie einen guten Fluß und stets ein bestimmtes Level an Spannung. Man kann sie schnell lesen, und die Leser verlieren sich in ihnen. Darüber hinaus sind meine Bücher „sauber". Als „Die Firma" veröffentlicht wurde, merkten die Käufer sehr schnell, daß sie es mit gutem Gewissen an ihre älteren Teenager weitergeben konnten, oder umgekehrt – Jugendliche gaben es ihren Eltern. So wurden die Bücher herumgereicht. Ich hoffe, daß es etwas über unsere Kultur aussagt, daß man erfolgreich sein kann, ohne dabei unnötigem Sex und dem darüber so geläufigen Gerede zu erliegen.

John Grisham ist mittlerweile einige Millionen Dollar wert. Was ist das für ein Gefühl, wenn man so schnell so viel Geld macht?

Grisham Es ist beunruhigend. Alles ist innerhalb von zwei Jahren passiert, aber auch schon vorher ging es mir und der Familie nicht schlecht. Ich habe zehn Jahre sehr hart gearbeitet. Aber man kämpft mit sich, wenn plötzlich so viel Geld auf dem Tisch liegt. Man fragt sich: „Warum passiert das mir? Was habe ich jetzt damit vor?"

Sie haben einmal vor Studenten gesagt, daß ein bestimmtes Ereignis Sie zu dieser Einstellung gebracht hat. Was haben Sie erlebt?

Grisham Einer meiner besten Freunde vom College starb, als er gerade erst 25 war. Eines Tages erzählte er mir, daß er Krebs habe. Ich konnte es nicht glauben. Ich fragte ihn: „Was tut man, wenn man weiß, daß man sterben muß?" Er sagte: „Es ist ganz einfach. Du bringst die Dinge mit Gott in Ordnung, und du verbringst so viel Zeit wie möglich mit denen, die du liebst. Du versuchst, mit jedem ins reine zu kommen." Das hat mich tief beeindruckt.

Sie sind Christ und sprechen auch immer wieder über ihren Glauben. Wie kommt's?

Grisham Ich war acht, und wir lebten zu der Zeit in Arkansas. Mein Vater arbeitete damals oft sieben Tage die Woche. Meine Mutter aber badete und schrubbte uns und ging jeden Sonntag mit uns in die Kirche. Sie ist eine ganz hingegebene Christin.

Das einschneidende Erlebnis hatte ich, als ich in der dritten Klasse war. Ich ging zu meiner Mutter und sagte: „Ich verstehe das mit dem christlichen Glauben nicht so ganz, aber ich muß mit dir darüber reden." Sie erklärte mir, wie ich zu Jesus kommen könnte. Einerseits war das kein besonders aufregendes Erlebnis für einen achtjährigen Jungen, aber es war das wichtigste Ereignis meines Lebens. Es hat mich nicht sofort verändert, aber es war sehr real.

> „Ich weiß nicht, warum das gerade mir passiert ist. Aber Gott hat eine bestimmte Absicht damit."

Mit der First Baptist Church von Oxford waren Sie zu einigen Missionseinsätzen unterwegs. Sie und Ihre Frau haben auch Bibelkurse durchgeführt. Was genau steckt dahinter?

Grisham Ich selbst habe früher solche Bibelkurse besucht und dabei sahen wir Dias von der ganzen Welt. Ich wollte mich schon immer gerne mehr in der Missionsarbeit engagieren, aber während meiner Jahre als Anwalt hatte ich nicht die Zeit dazu. 1993 konnte ich dann mit 40 Leuten nach Brasilien reisen. Wir besuchten eine ziemlich abgelegene Gegend des Landes und errichteten dort eine Kirche in nur vier Tagen. Wir hatten zwei Ärzte dabei, einen Zahnarzt, ein paar Krankenschwestern und noch zwei oder drei weitere medizinische Teams.

Haben Sie jemals gefragt: „Warum gerade ich?"

Grisham Natürlich! Ich frage es mich die ganze Zeit. Auch wenn ich mich an den Erfolg gewöhnt habe, trifft mich diese Frage immer wieder. Auf langen Spaziergängen überlege ich immer wieder, ob ich damit richtig umgehe. Ich weiß nicht, warum das gerade mir passiert ist. Aber Gott hat eine bestimmte Absicht damit. Ich bin sicher, daß alles eines Tages auch ein Ende haben kann – vielleicht in fünf, vielleicht in zehn Jahren. Die Bücher werden sich dann aus irgendeinem Grund nicht mehr so gut verkaufen. Alles auf der Welt ist eben auf eine bestimmte Zeit befristet.

Interview: Will Norton jr., Übersetzung: Sabine Schmidt

Unglaublich, was Menschen glauben

Wo „Holz“ nicht mehr weiterhilft

Napoleon soll einmal gesagt haben: „Die Menschen glauben alles, es darf nur nicht in der Bibel stehen.“ Und das ist tatsächlich so. Sie glauben dem Nachrichtensprecher, dem Horoskop, der Zeitung, dem Gerücht, den Wahrsagern und vielen anderen mehr!

Wie unglaublich der Glaube von Menschen sein kann, wurde mir auf einer Reise durch Nepal deutlich. Ich kam nach Patan, eine der ältesten Städte (gegr. rd. 250 v. Chr.) im Kathmandu-Tal. Sie gilt als Hauptstadt des Buddhismus.

In dieser Kunsthandwerker-Stadt werden die schmalen Straßen von wunderbar geschnitzten Holzhausfassaden gesäumt. Viele Heiligtümer und Altäre sind an den Straßenrändern zu besichtigen. Auf einem der Altäre lag eine tote Ratte und wurde verehrt. Ratten gelten als heilige Tiere, da sie als Reittier einer der Frauen des Gottes Shiwas gedient haben sollen. Die Folge: Ein Drittel der jährlichen Reisernte wird von den Ratten vernichtet! Unglaublich beklemmend, so etwas zu sehen und zu erleben.

Aber man braucht gar nicht so weit zu fahren, um ähnlichen Glauben zu erleben. Als Leiter eines Bergwerks hatte ich jeden Morgen ein Gespräch mit dem Sicherheitsingenieur. Eines Morgens erzählte er mir ganz stolz von den großen Erfolgen der letzten Sicherheitsaktion. In der Tat, die Unfallzahlen hatten sich verringert. Nach dem Bericht klopfte er schnell dreimal auf Holz, toi, toi, toi. Ich fragte ihn: „Warum tun Sie das?“ Er antwortete verlegen: „Ich weiß es auch nicht genau, aber ich muß es tun, damit der Erfolg anhält!“ Das sagte ein intelligenter, technisch sehr erfahrener Mann! Er glaubte an „Holz“!

Ein weiteres Erlebnis. Eines Morgens kommt eine Schreckensnachricht in der Zentrale des Bergwerkes an. In Revier 12 ist in einem Streckenvortrieb ein Bergmann verschüttet worden. Blitzschnell läuft die Rettungsaktion an. Die Mannschaft des ganzen Bergwerkes wartet gespannt, ob der Mann lebend geborgen werden kann. Dann endlich, nach zwei Stunden, kommt die Nachricht. Der Mann ist frei, keine Verletzungen, nur Schockeinwirkungen. Die Spannung löst sich mit dem Ausruf: „Mann, haben wir ein Schwein gehabt!" Der Glaube an das „Schwein"?

Man könnte diese Beispiele verlängern. Da glauben die Menschen an die Kunst, denn hier wird ihrer Meinung nach die Schöpfung verwirklicht, an den Geist des Menschen, der ihn selbst erlösen wird, an das Gute, die Freiheit und vieles andere mehr.

Jeder Mensch glaubt an etwas. Er glaubt es, obwohl er es nicht begründen kann! Zum Beispiel glaube ich, daß meine Frau mich liebt. Beweisen kann ich es nicht, auch nicht begründen. Aber ich glaube es. Auf diesen Glauben baue ich mein Leben auf! Ich gründe mein Leben auf etwas, was ich mit meinem Verstand nicht fassen kann: Deshalb ist es so schwer, über Glauben - wie immer er heißen mag - vom Verstand her zu reden. Er allein genügt nicht, das Herz gehört dazu. Das Herz ist der Ansprechpunkt. Der Biologe Huxley sagt: „Es ist notwendig, an irgend etwas zu glauben, wenn wir nichts glaubten, würden wir nicht handeln!" Mein Glaube prägt also auch mein Leben.

Damals, bei dem Erlebnis mit dem Verschütteten, hatte ich deutlich geantwortet: „Das war kein Schwein. Das war Gott, der uns geholfen hat." Ich habe es oft erlebt, wenn man den Glauben der Menschen hinterfragt und dabei nicht an der Oberfläche bleibt, dann erkennt man letztlich eine große Not.

Jesus Christus hat uns durch sein Leben und Sterben eine Möglichkeit zum neuen Anfang geschenkt. Neuer Anfang bedeutet: Nicht mehr mein Egoismus bestimmt mein Leben, sondern die Frage nach Gottes Willen.

Dr. Raimund Utsch,
Mitglied des Vorstandes der Ruhrkohle Bergbau AG

„Die Bibel und die Menschen, die sie ernst nehmen und nach ihr zu handeln versuchen, sind die wichtigsten Informationsträger unserer Zeit. Wir müssen zu Gott umkehren, wenn wir weiterkommen wollen. Wer zu spät kommt, den bestraft das Leben."

Peter Hahne
Nachrichtensprecher und Fernsehmoderator

„Ich wollte nie wieder eine Kirche betreten“

Das Leben der Schauspielerin Eva-Maria Admiral

Ich bin Schauspielerin und Christin. „Geht das überhaupt?“ werden manche fragen. „Ja, nur so geht es“, antworte ich. Durch den Glauben bekomme ich Kraft für meinen nicht einfachen Beruf.

Den entscheidenden Anstoß erhielt ich während meiner Studienzeit in Paris. Ich war damals 19 Jahre alt. Glaubensfragen wies ich weit von mir. Ich hatte beschlossen, nie wieder eine Kirche zu betreten und mich auch nicht mit „Religion“ zu beschäftigen. Ich wußte, ich konnte nie „gut genug“ sein, um Gottes Ansprüchen gerecht zu werden. Aber ich hatte das ohnehin nicht vor. Mir war nur klar: Sollte es Gott geben, würde ich sicherlich von ihm verurteilt werden und nie in der Ewigkeit bei ihm sein. Daher wollte ich so viel wie möglich von diesem Leben genießen, koste es, was es wolle.

Und tatsächlich schien mir vieles zuzufallen. Doch je mehr sich meine Wünsche und Vorstellungen verwirklichten, desto leerer schien mir das so ersehnte Leben. Und ich fragte mich: Erfolg, ein Freund, Schönheit, Begehrtsein – ist das alles? Warum hatte ich keinen Frieden in mir, mit mir und der Welt? Damals wußte ich nicht, daß ich ohne Gott keinen Frieden haben konnte. Eines Abends fuhr ich von Paris nach Chartres, um in der berühmten Kathedrale ein Orgelkonzert von Bach zu hören. Als ich in dem dunklen gotischen Bau saß, die Orgel über mir sah und die gewaltige Musik über mich hereinbrach, überfiel mich plötzlich der furchtbare Gedanke: „Was mache ich, wenn Gott wirklich existiert? Wenn ich eines Tages vor ihm steh', von Angesicht zu Angesicht! Wenn es wirklich eine Ewigkeit gibt?!"

Erschrocken erkannte ich, daß ich mich nicht rechtfertigen konnte. Ein Gefühl von Ohnmacht und Verzweiflung überkam mich, und zum ersten Mal in meinem Leben betete ich zu dem großen Unbekannten: „Gott, wenn es dich wirklich gibt, dann zeige mir, was ich tun soll!"

„... daß Christus in die Welt gekommen ist, um uns von unserer Schuld zu erlösen. Nur durch ihn, verstand ich plötzlich, konnte ich mit Gott versöhnt werden."

Ich wußte nicht, daß Gott tatsächlich Gebete beantwortet. Ein paar Wochen später lernte ich Michaela kennen, eine Studienkollegin, die Christin war. Ihr Glaube, die persönliche Beziehung zu Gott, die sie mir vorlebte, beeindruckten mich sehr. Durch sie begriff ich die eigentliche Bedeutung der Bibel. Michaela zeigte mir, wie sich die Prophezeiungen des Alten Testamentes Punkt für Punkt im Neuen Testament erfüllt hatten. Sie erklärte mir, daß Christus in die Welt gekommen ist, um uns von unserer Schuld zu erlösen. Nur durch ihn, verstand ich plötzlich, konnte ich mit Gott versöhnt werden. Zum ersten Mal in meinem Leben besuchte ich eine Bibelstunde. Als der Pastor im Anschluß daran aufforderte, wer Jesus als seinen Erlöser annehmen wollte, möge doch nach vorn zum Altar kommen, ging auch ich. Es war die befreiendste Tat meines Lebens. Plötzlich fiel alles von mir ab, was mich schon lange belastet hatte. Ein neues Leben begann.

Meine berufliche Laufbahn entwickelte sich: 1985 bestand ich die Aufnahmeprüfung für das Max-Reinhardt-Seminar. Von 1000 Bewerbern wurden nur 12 genommen. Und ich war dabei. Ich hatte in meinem Beruf zwar schnell Erfolg, wurde dann aber schwer krank. Ich war ans Bett gefesselt und von Zweifeln und Ängsten erfüllt. Ich ging durch ein tiefes Tal. Doch ich spürte, daß Gott mich nicht verließ, sondern immer bei mir war.

Dann kam 1989 das Angebot, für eine Rolle im Burgtheater in Wien vorzusprechen. Viele Schauspieler fürchten sich vor dem Vorsprechen. Meistens gibt es 100 Bewerber und nur eine Rolle. Freunde beteten für mich. Eine Woche nach dem Vorstellungstermin erfuhr ich, daß ich engagiert bin. Und innerhalb weniger Monate wurden aus einer Rolle fünf Rollen. Noch heute begreife ich nicht ganz, warum Gott mich so beschenkt hat.

Viele Schauspieler lächeln über meinen Glauben, manche wollen aber auch mehr darüber wissen, weil sie gemerkt haben, daß Erfolg allein keine Basis für ein glückliches Leben ist. Ich weiß genau, daß ich meinen Weg als Schauspielerin nicht allein gehen könnte. Ich brauche Gott.

Eva-Maria Admiral

Bei den Veranstaltungen von Pro Christ '97 werden live aus Nürnberg auch kurze Theaterszenen an alle Orte übertragen. Gespielt werden sie von **Eva-Maria Admiral**, ihrem Ehemann, **Eric Wehrlin**, und von **Bettina Soriat**.

Ganove, Schnösel, Gotteskind

Interview mit dem Schauspieler Holger Handtke

Ins Fernsehen fand er mit 14 – Gott fand er bereits auf Kindesbeinen: Schauspieler Holger Handtke (27). Ob als schüchtern-psychopathischer Mörder in so manchem *Derrick* oder als sprücheklopfender Volontär Peter Stallert im Büro der *Gerichtsreporterin* – der Berliner gehört zu den bekannten Gesichtern des deutschen Fernsehens.

Holger, Filme machen, in verschiedene Rollen schlüpfen – das ist doch bestimmt was ganz Tolles. Wie sieht eigentlich der Alltag eines Schauspielers aus?

Handtke Oft sehr langweilig! Jedenfalls, wenn du ausschließlich Fernsehen machst, denn da arbeite ich nur rund 20 – 40 Tage pro Jahr. Aber damit ist man schon gut beschäftigt. Das Höchste, was ich je gemacht habe, waren 80 Tage.

Nimmst du eigentlich jede Rolle an, die man dir anbietet?

Handtke Nein! Aber ich habe bisher erst sehr wenig abgelehnt. Das waren dann eindeutige Sachen, die ich moralisch nicht mehr vertreten konnte. Aber ich habe auch kleine Wunder erlebt: So war ich z. B. schon fest für eine Produktion eingeplant und bekam dann erst das Drehbuch. Und da standen Dinge drin, von denen ich dachte: „Das kannst du unmöglich spielen! Das mußt du denen sagen!“ Und dann kam zwei Tage später eine neue Version des Drehbuchs, und die Szene, bei der ich Bedenken hatte, war herausgenommen worden, ohne daß ich was gesagt hatte.

Wie gehst du denn mit deinem Bekanntheitsgrad um? Ist das ein Problem für dich?

Handtke Ich bin heute darauf gefaßt, daß Leute mich ansprechen, es ist mir nicht mehr so unangenehm wie früher. Was mich immer noch verwundert ist, daß, sobald die Leute wissen, du bist Schauspieler, ihnen die Ohren aufgehen. Obwohl ich nur ein ganz normaler Mensch bin, habe ich auf einmal mehr zu sagen als andere. Das Wesentliche für mich ist nicht die Schauspielerei, sondern etwas anderes!

Nämlich?

Handtke Meine Beziehung zu Jesus! Von der wünsche ich mir, daß sie immer intensiver wird. Ich merke, wie verloren ich sonst bin, denn auch ich habe depressive Zeiten, Tage, an denen ich denke: „Was machst du hier eigentlich?“

„Meine Beziehung zu Jesus! Von der wünsche ich mir, daß sie immer intensiver wird.“

Das Christsein hast du ja quasi mit der Muttermilch aufgesogen. Hattest du nie Probleme mit Gott?

Handtke Ja, meine Mutter ist Christin, und für mich war von klein auf klar: „Gott – den gibt's!" Aber es gab natürlich eine Zeit, in der ich nicht viel von ihm wissen wollte, weil ich genau wußte, der will was anderes als ich. Doch Gott hat mir ganz ruhig klargemacht: „Mach erst mal! Wenn ich dich woanders haben will, kriege ich dich immer noch. Und wenn ich dich als Prediger haben will, dann schenke ich dir auch den Willen und die Freude dazu. Dann ist das keine Überwindung und kein Streß." Das ist etwas, was ich gelernt habe: daß Gott mich nicht streßt. Im Gegenteil, er möchte mich immer wieder zur Ruhe bringen und sagt: „O.K., komm, geh wieder mit mir! Leg dich erst mal hin, ruh dich aus! Und dann machen wir gemeinsam Schritte in die Richtung, die ich auch dir ans Herz legen werde."

Interview: Christoph Buskies

„Ich glaube an Christus und daran, daß Christen diese Welt verändern können."

Heinrich Böll

Plötzlich war alles weg …

Erinnerungen an verbaute Wege

Der 9. November ist für mich ein ganz besonderer Tag. Denn ich habe wie viele unter der „Diktatur des Proletariats“ gelitten. Meine Eltern sind bewußte Christen, und so wuchsen mein Bruder und ich im Bewußtsein auf, daß es einen Gott gibt und daß wir ihm verantwortlich sind.

„Man wollte, daß ich die Bibel entferne und auf Fragen nach meinem Glauben keine Antworten gebe. Gott half mir jedoch: Die Bibel blieb und ich auch.“

Wir lebten am Fuße der Wartburg in Eisenach. Als ich 15 Jahre alt war, traten alle Mitschüler in die Freie Deutsche Jugend (FDJ) ein. Für mich war klar: Mit der atheistischen Ausrichtung dieser Organisation käme ich als Christ nicht zurecht. Ich entschied mich gegen die Mitgliedschaft. Damit begannen meine Probleme mit dem SED-Staat. Sie verschärften sich, als ich mich weigerte, an der vormilitärischen Ausbildung in der 9. und 10. Klasse teilzunehmen. Auch lehnte ich den bewaffneten Dienst in der Nationalen Volksarmee ab und wollte statt dessen „Bausoldat“ werden.

Gespräche mit der Klassenlehrerin ergaben, daß ich trotz meiner guten Leistungen wenig Aussichten auf einen Studienplatz hätte, wenn ich nicht meine Einstellung zum Staat überdenken und ein klares Bekenntnis zum sozialistischen „Vaterland“ ablegen würde.

So begann ich nach der 10. Klasse in Eisenberg/Jena die Ausbildung zum Klavier-

bauer, um später als Selbständiger arbeiten zu können.

Die Ausbildung fiel mir nicht leicht: Während die anderen fürs Abitur lernten, ließ man mich im Betrieb in einer Woche 52 000 Schrauben in Klaviermechaniken festziehen. Eine Bibel auf meinem Regal im Wohnheim führte zu Problemen mit der Stasi. Fast hätte ich dadurch nicht einmal die Ausbildung beenden können. Man wollte, daß ich die Bibel entferne und auf Fragen nach meinem Glauben keine Antworten gebe. Gott half mir jedoch: Die Bibel blieb und ich auch.

Aufgrund der seelischen Belastung durch immer neue Schikanen litt ich jedoch zunehmend unter Konzentrations- und Schlafstörungen, so daß ich im Oktober 1989 krankgeschrieben wurde. Eine Psychologin konnte mir nicht helfen. Als ich am frühen Morgen des 10. November hörte, daß die Grenze gefallen sei, drängte ich meinen Vater, mit unserem Trabi auf die Autobahn in Richtung Westen zu fahren. Ich konnte nicht glauben, daß der Spuk vorbei sein sollte. In dem Moment, als ich die Grenze überquerte, spürte ich mit einem Mal die völlige Befreiung von aller Bedrückung so stark, daß ich lange weinen mußte. Es hat sich also gelohnt, durchzuhalten.

Mein Leben gestaltete sich nun in einer neuen Qualität. Schlagartig eröffneten sich mir viele neue Wege. Inzwischen habe ich das Abitur nachgeholt und studiere jetzt Medienplanung, -entwicklung und -beratung in Siegen.

Frank-Michael Rommert

Zurück in die Zukunft

Ein Kind erkennt die Wirklichkeit

Adrian Plass
lebt in England und ist als Autor von Romanen und humorvollen Büchern bekannt geworden.

Vor einigen Jahren fuhren wir, die Fahrräder auf dem Dach, hinunter nach Newhaven, setzten mit der Fähre über nach Nordfrankreich und verbrachten ein paar herrliche Tage damit, durch die Flußtäler von Ort zu Ort zu radeln. Den letzten Tag hatten wir uns dafür reserviert, die Hafenstadt Dieppe zu erforschen, bevor wir am Abend wieder über den Kanal fahren würden.

Gleich nach dem Mittagessen traten wir in das kühle Innere einer Kirche nahe der Stadtmitte. Ich verlor die anderen für eine Weile aus den Augen, doch nach ein paar Minuten entdeckte ich Katy, damals vier, die eine lebensgroße Skulptur von Maria, der Mutter Jesu, betrachtete, wie sie den toten Leib ihres Sohnes in den Armen hielt und mit einem Ausdruck echten Schmerzes und Verlustes in sein Gesicht sah. Katy drehte sich um und sah mich.

„Papa, warum hat Jesus ein Loch in seiner Seite?"

Stockend erklärte ich ihr, daß ein römischer Speer dafür verantwortlich war. Katy war entsetzt. Sie betrachtete die Skulptur von neuem.

„Papa, er hat Löcher in den Füßen. Warum hat er denn Löcher in den Füßen?"

„Sieh mal", sagte ich und deutete auf ein kleines Kruzifix an der Wand über uns. „Sie haben seine Füße an dieses Stück Holz genagelt, ein sogenanntes Kreuz, und die Löcher stammen von den Nägeln."

Sie drehte sich wieder zu den steinernen Figuren um. Ihre Stimme brach ein wenig, als sie weitersprach.

„Papa, er hat auch Löcher in den Händen. Sie haben ihm doch nicht auch noch Nägel durch seine Hände geschlagen, oder?“

Traurig erklärte ich es ihr. Katy ging näher an die Skulptur heran, schlang ihre Arme um Jesus und legte ihr Gesicht auf sein Knie.

Plötzlich sehnte ich mich zurück nach der Zeit, als ich zum ersten Mal begriff, daß Jesus für mich gestorben war und daß es wirklich weh getan hatte, bevor ich meinen Glauben mit lauter Worten und Sorgen bedeckte. Ich wollte wieder wie ein Kind sein. Aber ich fühlte mich wie ein Kohlkopf.

Adrian Plass

„Jesus Christus ist das Wort der Versöhnung. Er möchte uns in ein neues Leben führen, er möchte eine neue Kreatur aus uns machen. Er möchte, daß unser Leben verändert wird, weg von der Selbstsucht, von den Zwängen, von der Furcht, auch von der Todesfurcht.“

Heinz-Horst Deichmann,
Deutschlands größter Schuheinzelhändler

„Ich mußte Elvis studieren“

Frank Tender singt nicht nur „Love me tender“

Im Hauptprogramm von ProChrist ´97 wird es auch jede Menge Musik geben. Vielleicht entdecken Sie dort auch Roman Meier als Frank Tender als Elvis Presley.

Mit geschlossenen Augen steht der Schweizer Frank Tender auf der Bühne und versetzt das Publikum in die fünfziger Jahre zurück. Stellenweise können die Leute wirklich nicht mehr unterscheiden, ob jetzt Elvis persönlich vor ihnen steht oder nur der Imitator.

Um kein Idol der Popgeschichte ranken sich so viele Mythen und Legenden wie um Elvis Presley. Die traumhafte Karriere des Rock 'n' Roll-Königs, sein exzessiver Lebensstil und sein tragisches Ende haben seit den wilden fünfziger Jahren Generationen beschäftigt. Bis zu seinem Tode 1977 hatte Presley rund 500 Millionen LPs und Singles abgesetzt und übertraf damit jeden anderen Showstar auf der Welt. Er war nicht nur der König des Rock 'n' Roll, sondern auch der König der Rekorde. Ob das legendäre „Heartbreak Hotel“, der „Jailhouse Rock“ oder die zuckersüße Ballade „Love me tender“, die Songs von Elvis haben ihren Sänger um Längen überlebt. Und Frank Tender beherrscht die Songs meisterhaft. Aus vielen Sängerwettstreiten ging er als Sieger hervor.

Seit über zehn Jahren ist Tender als Sänger unterwegs. Doch er bleibt nicht bei der Elvis-Imitation stehen. Für ihn, der mit bürgerlichem Namen Roman Meier heißt und aus Uitikon (Schweiz) kommt, geht es um viel mehr als nur um die perfekte Show. Obwohl Tender von der rebellischen Art, der steilen Karriere und der packenden Musik seines Idols fasziniert ist, habe ihm – so erklärt er in einem Interview – das tragische Ende des Kings gezeigt, daß letztlich weder Erfolg, noch Ansehen oder Geld echten Tiefgang im Leben bringen können. Tender hat für sich den Weg gefunden: Im Glauben an Jesus Christus findet er Annahme, Liebe und inneren Frieden. Und weil Tender für Ehrlichkeit plädiert, wird im zweiten Teil seines Programms aus ihm wieder Roman Meier. Dann singt er Gospels und erzählt, welchen Halt er im Leben hat.

„Viele bilden sich eine Meinung über Jesus, ohne die Bibel gelesen zu haben."

Seinen Zuhörern gibt er mit auf den Weg: „Ich mußte Elvis Presley studieren, damit ich ihn imitieren konnte. Ich mußte seine Geschichte lesen. Darum geht es auch im christlichen Glauben. Viele bilden sich eine Meinung über Jesus, ohne die Bibel gelesen zu haben. Aber ich muß mich mit dem Leben von Jesus beschäftigen, wenn ich ihn überhaupt kennenlernen will."

Stephan Volke

Meine Fragen wurden beantwortet

ProChrist hat mein Leben verändert

Nennen wir es Midlife-Crisis und die damit verbundene Suche nach Auswegen und nach dem Lebenssinn, was mich immer mehr zu einem übellaunigen und unzufriedenen Menschen machte. Ich versuchte einerseits meinen Lebenshunger mit materiellen Dingen, andererseits mit so mancher heilversprechenden Literatur zu stillen. In Büchern, wie zum Beispiel Hermann Hesses *Siddharta*, oder östlichen Religionen glaubte ich die Antworten auf meine Fragen gefunden zu haben. Das alles hinterließ bei mir jedoch nur eine kurze und vorübergehende Befriedigung. Die alte Leere und Sinnlosigkeit war bald wieder da und quälte mich von neuem. Nichts änderte sich. Meinen Mitmenschen gegenüber spielte ich zwar den Gutgelaunten vor, meine Familie konnte mich jedoch kaum noch ertragen. Tief in meinem Innern war ich mit mir und meiner Lebenslage unzufrieden, obwohl es mir äußerlich sehr gut ging.

Im März 1993 machten mich Bekannte auf die Veranstaltungen von „ProChrist '93" aufmerksam. Äußerst skeptisch beschlossen meine Frau und ich, eine von ihnen zu besuchen.

Beim Betreten des Veranstaltungsraumes erlebte ich eine unverhofft herzliche Atmosphäre, die mich sehr berührte. Zunächst noch in innerer Abwehrhaltung lauschte ich den Ausführungen des Redners. Bald erkannte ich, daß die Aussagen der Bibel, auf die der Redner einging, genau meine Probleme betrafen und meine Fragen beantworteten. Ich entschloß mich, in diese Richtung weiterzugehen und weiterzuforschen.

Zu Hause hatte ich schon jahrelang eine Bibel im Bücherregal stehen, sie jedoch nie angefaßt. Mit einem brennenden Interesse nahm ich sie nun zur Hand, verstand aber zunächst nur einen kleinen Bruchteil des Gelesenen. Ich war dennoch überzeugt, hier weitere Antworten auf meine Fragen zu finden. So schloß ich mich einem Bibelkreis in unserem Dorf an, der mir das Verstehen der Bibel wesentlich erleichterte.

Es änderte sich daraufhin einiges in meinem Leben: Indem ich Gott als meinen großartigen Schöpfer und als guten Vater mehr und mehr kennenlernte, gewann ich eine ganz neue Lebensperspektive, für die es sich wirklich zu leben lohnt. Dabei habe ich den inneren Frieden gefunden, nach dem ich früher so vergeblich suchte. Auch die Haltung zu meinen Mitmenschen änderte sich, ihnen kann ich jetzt viel verständnisvoller gegenübertreten. Sogar langjährige Zwistigkeiten habe ich beigelegt. Es gelingt mir immer öfter, bestimmte Ereignisse und Dinge, die mich früher furchtbar aufgeregt hätten, wesentlich gelassener zu nehmen und sie in ihrer tatsächlichen Bedeutung einzuordnen, die ich sonst nicht erkennen konnte.

Besonders freue ich mich darüber, daß meine Frau diesen Weg mit mir zusammen geht, denn er ist eine unvermutete Bereicherung für unsere Ehe und Familie!

Reinhard Radlingmayr, Klaus (Österreich)

„Alle Umkehr und Erneuerung muß bei mir selbst anfangen."
Dietrich Bonhoeffer

„Zu den Basisaussagen der Bibel gehört, daß kein Mensch wertvoller ist als ein anderer. Es ist nicht wichtig, was wir sind, wie wir aussehen, was wir können oder besitzen. Gott selbst hat unseren Wert manifestiert, als er bereit war, das Blut seines Sohnes dafür zu vergießen."

Amy Grant, Pop-Sängerin

Braucht jeder Mensch eine Beziehung zu Gott?

Wie die Krise unseres Lebens bewältigt werden kann

Es klingt fast zu schön, um wahr zu sein: Jeder Mensch ist auf der Suche nach Gott. Genau das Gegenteil ist der Fall: Menschen, die von Gott getrennt leben, haben ein starkes Bedürfnis, jegliche Gedanken an ihn zu verdrängen. Was Gott angeht, so sind wir alle auf der Flucht vor ihm. Wir wollen uns der Frage überhaupt nicht stellen, ob es einen Gott gibt oder nicht. Denn wenn es ihn gäbe, müßten wir unser Leben ändern. Deshalb wollen wir, daß Gott in der Belanglosigkeit bleibt und nicht zu viel über ihn geredet wird.

Zeitweise gelingt es uns sogar erfolgreich, Gott zu verdrängen. Manche versuchen das sogar ihr ganzes Leben lang. Es hängt aber nicht von unserer Meinung oder unserem Glauben ab, ob es Gott gibt oder nicht. Ich bin überzeugt: Wir werden ihm begegnen.

Es fällt auf, woran wir heute am meisten leiden: Wir haben Beziehungsprobleme! Menschen ganz unterschiedlicher Weltanschauungen sind sich einig, daß wir in dreifacher Hinsicht Beziehungskrisen durchleiden:

1 Die Krise zu uns selbst.

Man könnte sie auch Identitätskrise nennen. Wer bin ich eigentlich? Vielen Menschen fällt es schwer, ihren Platz im Leben zu finden. Sie können sich selbst schlecht einordnen und wissen nicht so recht, wohin sie gehören.

2 Die Krise in der Beziehung zu anderen.

In einem Wochenmagazin las ich vor einigen Jahren einen programmatischen Aufsatz unter dem Titel „Dauerhaft ist nur die Trennung“. Der Autor schreibt darin, daß zum ersten Mal in der Menschheitsgeschichte versucht wurde, partnerschaftliche Beziehungen ausschließlich auf Emotionen zu gründen. Soziale und wirtschaftliche Aspekte hätten dabei keine Rolle mehr gespielt. Früher hatten sie eine größere Bedeutung, obwohl es mit der Liebe noch nie sehr weit her gewesen sei. Er führt dann aus, daß unser soziales Netz die wirtschaftliche Seite weitgehend absichert. Daher spielt das Gefühl eine größere Bedeutung. Partnerschaften, die aber ausschließlich auf Emotionen aufbauen, zerbrechen schneller. Wir strapazieren diese Seite der Beziehung zueinander zu stark.

3 Die Krise unserer Umwelt.

Es ist offenkundig, daß die Beziehung zwischen Mensch und Natur nicht mehr stimmt. Der ökologische Super-GAU scheint nicht mehr weit entfernt zu sein.

In diesen drei Bereichen stecken wir in der Krise, aber wir leugnen beharrlich, daß es sich dabei eigentlich nur um Auswirkungen der eigentlichen Krise handelt, nämlich unserer fehlenden Beziehung zum Schöpfer. Vielleicht erleben Sie die Krisen in Ihrem eigenen Leben. Egal, ob Sie auf der Suche nach Gott sind oder nicht. Gott ist auf der Suche nach Ihnen, und er möchte Ihnen begegnen. Eine Begegnung, die Ihnen gut tun wird, weil sie der erste Schritt aus der Krise ist.

Ulrich Parzany

Fünf Schritte zum Leben

So kann Ihr Leben eine neue Richtung bekommen

Da gibt es den bärtigen Witz, der erklärt, warum die Welt so schlecht ist: Wie die Grabreden beweisen, ist noch nie ein schlechter Mensch gestorben. Nur Gute waren offensichtlich bisher Opfer des Todes. Folglich müssen alle Schlechten noch leben. Und so ist die Welt.

Da wird Anständigkeit und Kirchlichkeit vermögenswirksam angelegt. „Wenn alle so dächten und wären wie wir ..." Unbedingt muß die Welt verändert werden! Vor allem die anderen, der Nachbar, der Chef, der Mitarbeiter, die ... Und so wachsen uns langsam Engelsflügel.

Aber, o Schreck, wenn man nur über die Kluft des Hasses fliegen muß, verweigern die Flügel ihren Dienst. Offenbar sind diese Flügel nur da, um den moralischen Wind zu machen. Fortbewegung gibt es da nicht. Ja, und was ist mit den wunderbaren Engelsflügeln, wenn unser Leben am Maßstab Gottes gemessen wird? Es heißt in Römer 3, 10–12: „Da ist keiner, der gerecht sei; da ist keiner, der nach Gott frage. Sie sind alle abgewichen und allesamt untüchtig geworden. Da ist keiner, der Gutes tue, auch nicht einer."

Es ist dann wie beim Vogel Strauß. Er hat zwar Flügel, aber die tragen nicht. Wer aber vor Gott seine Pleite und Armut eingesteht, der bekommt die Vergebung und ein erfülltes Leben geschenkt. Das verspricht Jesus. Sparen wir uns also die selbstgerechte Show!

Ulrich Parzany

Gottes Einladung an Sie

Über unserem Leben steht das große Ja Gottes. Er hat uns geschaffen und liebt uns. Er möchte, daß unser Leben gelingt.

Weil wir uns aber von Gott getrennt haben und eigene Wege gehen, wird sein guter Wille bei uns nicht verwirklicht. Wir erleben auch die Kraft seiner Liebe nicht. Unsere Trennung von Gott nennt die Bibel Sünde.

Aber Gott hat uns nicht aufgegeben. Er selbst ist in Jesus Christus Mensch geworden, hat am Kreuz die Folgen unseres verkehrten Lebens getragen und ist unseren Tod gestorben. Dadurch hat er alles aus dem Weg geräumt, was uns von Gott trennt. Gott hat das dadurch bestätigt, daß er Jesus vom Tod auferweckt hat.

Jesus lädt uns ein, die Versöhnung mit Gott anzunehmen, indem wir unsere Sünde bekennen und um Vergebung bitten. Wir dürfen erklären, daß wir von jetzt an Jesus Christus folgen wollen. Er sagt uns, wie unser Leben nach Gottes Willen und durch seine Kraft gestaltet werden soll.

Sie können mit folgendem Gebet das Geschenk Gottes annehmen und den Lebensweg mit Jesus Christus beginnen:

Jesus, ich danke dir, daß du mich liebst.
Ich habe deine Einladung gehört und öffne dir mein Leben.
Ich bekenne dir meine Sünde und bitte dich um Vergebung.
Ich danke dir, daß du am Kreuz für mich gestorben bist
und mir alle meine Sünde vergeben hast.
Von jetzt an soll mein ganzes Leben dir gehören.
Du bist der Herr.
Hilf mir, deinen Willen zu erkennen und zu tun.
Mach mich zu einem Werkzeug deines Friedens.
Ich danke dir, daß du mich angenommen hast als dein Kind.
Amen.

Wenn Sie Fragen zum christlichen Glauben haben oder Kontakt zu Christen suchen, können Sie sich wenden an:

ProChrist e.V.
Wilhelmshöher Allee 258, 34131 Kassel

Nürnberg – eine Stadt lebt auf

ProChrist '97 findet auf historischem Boden statt

Nürnberg hat eine fast tausendjährige Geschichte. Unter Kaiser Ludwig von Bayern und Karl IV. wurde Nürnberg mit seinen markanten Patrizierhäusern, Kirchen, Burgen, Türmen und Mauern im 14. Jahrhundert „Freie Reichsstadt". Die Kaiserburg erlebte zahlreiche Reichstage und hohen Besuch der Majestäten. 1525 erklärte der Stadtrat Nürnberg zur Evangelischen Stadt. So wurden die großen Kirchen St. Sebald und St. Lorenz zu den bedeutendsten evangelischen Kirchen in Bayern, als 1806 Nürnberg bayrisch wurde.

Große Namen sind mit dieser Stadt verbunden: der weltbekannte Maler Albrecht Dürer, der Schuhmacher, Poet und Meistersinger Hans Sachs, der Erfinder des Globus, Martin Beheim, sowie der Erfinder der Taschenuhr, Peter Henlein. Doch man kennt Nürnberg auch durch den Sitz der Bundesanstalt für Arbeit. Und der traditionsreiche Christkindlmarkt hat mit seinen Lebkuchen und Bratwürstchen Weltruhm erlangt.

Doch nicht immer gab sich Nürnberg so

idyllisch wie seine mittelalterlich geprägte Innenstadt. Unter Hitler wurde daraus die „Stadt der Reichsparteitage“. Auf dem Reichsparteitag 1935 ließ der „Führer“ die berüchtigten „Nürnberger Gesetze“ verkünden, die den Holocaust einleiteten. Nach dem 2. Weltkrieg liefen in der halbzerstörten Stadt die „Nürnberger Prozesse“ gegen Nazigrößen. Der Wiederaufbau der Stadt ging zügig voran, dazu kamen Trabantenstädte. Die Einwohnerzahl liegt um die 500 000.

Die Hauptveranstaltung von ProChrist '97 wird aus der Frankenhalle vom Messegelände im Süden Nürnbergs an die einzelnen Veranstaltungsorte übertragen. Dabei arbeiten in Nürnberg viele Christen aus den verschiedensten Gemeinden mit. Der Landesbischof Bayerns, Hermann von Löwenich, gehört einem Kuratorium an, das sich hinter ProChrist gestellt hat.

Franz Soellner, Pfr. i.R.

Beauftragt von ganz oben

Der Prediger auf der ProChrist-Kanzel: Ulrich Parzany

Er hat die Lizenz zum Predigen. Das ist für einen Pfarrer nicht ungewöhnlich. Doch Ulrich Parzany meint nicht seine theologischen Examen oder seine Ordination, wenn er von der Lizenz spricht. Vielmehr weiß sich der 56jährige von Gott berufen. Das war ganz unspektakulär, doch es hat Folgen bis heute.

Es geschah bei einem Bibelkurs Ende der 50er Jahre im Essener Jugendzentrum Weigle-Haus zwischen Weihnachten und Silvester. Es ging um Mose. Der wollte der Bibel zufolge lieber zusammen mit dem Volk Gottes Nachteile in Kauf nehmen als weiterhin von königlicher Abstammung zu gelten. Das saß. Parzany wurde plötzlich klar, daß er hochmütig und bequem war, daß es ihm um seine Ehre ging und er letztlich Pfarrer verachtete. Deshalb wollte er wie sein Vater Ingenieur werden. Doch nun ließ ihn der Gedanke nicht mehr los, Pfarrer zu werden. Für Außenstehende mag diese Begebenheit wenig überzeugend sein, doch für Parzany handelt es sich um einen Wegweiser Gottes. Die Beauftragung von ganz oben gibt ihm die Kraft für seinen Dienst.

Sie bewahrt ihn auch davor, hochmütig und stolz zu werden: „Denn dann zieht Gott seine Lizenz zurück." Wer Gott die Ehre raube, den könne er nicht mehr gebrauchen. Dann könne er zwar noch reden, doch zu sagen habe er nichts mehr.

Und so ist er alles andere als stolz darauf, Hauptredner bei ProChrist zu sein. Dabei handelt es sich um eine Veranstaltungsreihe, bei der Parzanys Ansprachen vom 9. bis 15. November 1997 in Nürnberg europaweit per Satellit an Hunderte von Orten übertragen werden. Zehntausende Zuschauer werden live mit dabeisein können. Bereits 1995 stand Parzany in Leipzig auf der ProChrist-Kanzel - als Nachfolger des wohl bekanntesten Evangelisten überhaupt, Billy Graham. Der amerikanische Baptistenprediger hatte diese Veranstaltungsform 1993 in Deutschland bekanntgemacht. Als deutscher Graham versteht sich Parzany jedoch nicht. Obwohl er zugibt, ihn zu beneiden. Wie wohl kein anderer verstehe es Graham, in einfachen Worten zu erläutern, worum es im christlichen Glauben geht.

„Das Wort vom Kreuz muß unter die Leute. Weil es kaputte Menschen heilt. Niedergeschlagene aufrichtet. Verpfuschtes Leben neu macht. Zum Leben und zum Sterben hilft."

Und so hat Parzany ein Foto des Amerikaners in seinem Büro aufgehängt - unter einem Bild des Essener Jugendpfarrers Wilhelm Busch, der ihn stark geprägt hat. Daneben sind drei weitere Portraits wichtiger Mitarbeiter des CVJM zu sehen. Bei diesem mit 260 000 Mitgliedern größten christlichen Jugendverband in Deutschland verdient Parzany seit 1984 seinen Lebensunterhalt als Generalsekretär.

Für ProChrist engagiert er sich nur ehrenamtlich. Und er gibt zu, daß ihn manchmal durchaus Zweifel überkommen, ob er für diese herausragende Aufgabe überhaupt der richtige Mann sei. Dann empfindet er den Gedanken tröstlich, daß die ProChrist-Verantwortlichen wohl gewußt haben, warum sie gerade ihn berufen haben.

Parzany ist ein Mann des Wortes. Nicht nur in seinen Ansprachen kommt er mit kernigen Worten zur Sache, sondern auch im persönlichen Gespräch. Warum hat er die ProChrist-Beauftragung angenommen? „Das Wort vom Kreuz muß unter die Leute. Weil es kaputte Menschen heilt. Niedergeschlagene aufrichtet. Verpfuschtes Leben neu macht. Zum Leben und zum Sterben hilft." Und weil Jesus Christus erfahrbare Realität ist, so der mit der Lehrerin Regine verheiratete

Vater von drei erwachsenen Kindern und Großvater von drei Enkeln.

Nach dem Theologiestudium arbeitete Parzany als Vikar ein Jahr in Ost-Jerusalem. Der Stadtteil gehörte 1965 noch zu Jordanien. In einer überwiegend moslemisch geprägten Umgebung wurde ihm die Einzigartigkeit des christlichen Glaubens ganz neu bewußt. „Ich habe in der Zeit mehr gelernt als während des Studiums“, meint er heute.

Eigentlich wollte er anschließend Moslem-Missionar werden. Doch statt dessen berief man ihn zum Jugendpfarrer ans Essener Weigle-Haus. 17 Jahre lang war er dort tätig, bis er zum CVJM wechselte. In seiner Freizeit beschäftigt sich Parzany mit Sport, Lesen und Musik. Er spielt Tennis, liest leidenschaftlich gerne theologische Bücher sowie Zeitgeistiges. Vor allem die Meinungen von Leuten, die mit Kirche und Christen nichts am Hut haben, interessieren ihn. Und er traktiert zur Entspannung die Tasten seines Klaviers, „aber nur, wenn niemand zuhört“. Klassische Musik entspannt ihn. Er spielt dann Bach, Mozart, Haydn oder Chopin, manchmal aber auch moderne christliche Songs. Früher griff er auch zur Gitarre, Trompete und zur Geige. Immerhin geigte er jahrelang im Schulorchester, was ihm automatisch in Musik eine gute Zensur einbrachte. Doch über seine heutigen Fertigkeiten auf dem Instrument will er lieber nicht sprechen: „Das war nicht meine Sache.“

Und wie hält er sich geistig fit, um nicht anzubrennen? „Durch Bibellesen. Dabei bringt Gott seine Themen in mein Leben rein.“ Gerade wenn er besonders viel zu tun habe, könne er auf die „Dynamik aus der Stille“ nicht verzichten. Immer wieder habe er erlebt, daß Sorgen wie weggeblasen seien, wenn er sie im Gebet Gott sage. Er wünscht sich, daß viele Menschen ähnliche Erfahrungen machen. Deshalb wird er nicht müde, darüber zu sprechen.

Klaus Rösler

Ein Programm **ohne** Werbeunterbrechungen

ProChrist '97 – Eine Idee setzt sich durch

Man kennt es vom Fernsehen, aber ProChrist ist viel mehr als Fernsehen. Die Idee ist nicht neu, aber so konsequent wie bei ProChrist ist sie selten umgesetzt worden. Das Konzept baut auf einer Hauptveranstaltung in einer Stadt (diesmal ist es Nürnberg) auf, die dann teilweise an verschiedene Orte in ganz Europa live übertragen wird. Eben wie beim Fernsehen – und doch ganz anders.

In über 550 Orte in Deutschland, Österreich, der Schweiz, in Polen, Tschechien und weiteren Ländern wird ProChrist '97 übertragen. Die Satellitentechnik macht's möglich, Bilder und verschiedene Sprachen über Tausende von Kilometern zeitgleich zu übertragen. Der größte Unterschied zum Fernsehen ist, daß die Zuschauer nicht allein vor einem Kasten sitzen, sondern zu einer normalen Veranstaltung in einen größeren Veranstaltungsraum gehen. Das kann eine Stadthalle oder ein Dorfgemeinschaftshaus sein, in manchen Fällen ist es eine Kirche oder ein Gemeindesaal. An diesem Ort werden sie freundlich begrüßt und durch ein lokales Vorprogramm von ca. 20 Minuten willkommen geheißen.

Danach wird auf eine Großleinwand die Veranstaltung aus Nürnberg live übertragen.

Die Veranstalter können auf reichlich Erfahrung mit dieser Art von Übertragung zurückgreifen, denn bereits 1993 wurde eine ähnliche Veranstaltungsreihe aus Essen live übertragen. 1995 kam sie aus Leipzig. Millionen Menschen haben an insgesamt über 1000 Orten die Veranstaltungen in ganz Europa verfolgt.

Aber die Technik ist gar nicht das Herausragende. Wichtiger ist, daß sich Christen aus ganz unterschiedlichen Kirchen zusammengeschlossen haben, um zu zeigen, daß sie sich für denselben Glauben einsetzen. Es geht ihnen nämlich nicht um die gigantische Technik, sondern um den einzelnen Menschen. Deshalb auch das aufwendige Konzept von ProChrist '97. An den einzelnen Übertragungsorten geht der einzelne nicht in der großen Masse unter. Zwar werden die Hauptteile der Veranstaltung via Satellit übertragen, aber die Abende erhalten trotzdem eine individuelle und lokale Note. Dort wird auch jeder Zuhörer, der es wünscht, Gelegenheit finden, Kontakte zu schließen. Das Gemeinschaftserlebnis in einer Halle oder einem Saal ist der größte Unterschied zum Fernsehen. Und eins ist sicher: Es wird keine Werbeunterbrechungen geben, und der Daumen kann sich an den

Abenden ausruhen, weil er nicht ständig mit der Fernbedienung umschalten muß.

Worum es in diesen Veranstaltungen geht? Der Hauptakteur, Pfarrer Ulrich Parzany, erläutert es so: „Es gibt ein Grundrecht für jeden Menschen, von Gottes persönlicher Liebe zu hören und sie in seinem Leben zu erfahren. Dazu sollen die Begegnungen und Gespräche während ProChrist ’97 eine gute Möglichkeit bieten. Darüber hinaus möchten wir Christen uns für andere engagieren. ProChrist – das ist viel mehr als nur die sieben Tage im November. Die Vorbereitungen sind schon seit vielen Monaten in vollem Gange. Tausende engagierter Christen machen sich Gedanken, wie die Abende schön gestaltet werden können. Es hat im März einen großen Schulungskongreß in Nürnberg gegeben. Viele Christen haben sich Gedanken gemacht, wie sie es Ihnen während der Veranstaltungen schön machen können. Denn ProChrist will nicht nur die Liebe Gottes zu den Menschen verkündigen, sondern auch praktisch daran arbeiten, daß es Menschen bessergeht. Liebe in Aktion, das ist es, was wir Christen zeigen möchten.“

„ProChris
nur die Lieb
Menschen
sondern auc
arbeiten, da
bessergeht. L
das ist es,
zeigen

Ein Abend bei ProChrist

Darauf dürfen Sie sich freuen

Was erwartet Sie, wenn Sie mit zu einem Abend von ProChrist kommen? In jedem Fall dürfen Sie ein abwechslungsreiches Programm erwarten, das teilweise von Nürnberg aus per Satellit übertragen wird. Wenn es in der Zeit zwischen dem 9. und 15. November 1997 heißt: *Wir schalten uns jetzt in die Übertragung aus Nürnberg ein*, dann ist in dem Raum, in dem Sie sitzen, bereits einiges gelaufen. Das Schöne an ProChrist ist, daß die Menschen an den über 550 Übertragungsorten an der gleichen Veranstaltung teilnehmen, obwohl sie teilweise ein eigenes Programm erleben können.

Die Organisatoren an den einzelnen Veranstaltungsorten haben sich Gedanken gemacht, wie sie Ihnen den Aufenthalt so angenehm wie möglich gestalten können: Es gibt Musik und Lieder, Interviews mit interessanten Menschen, die aus ihrem Leben berichten. Der Kreativität sind keine Grenzen gesetzt. Sie werden also eine Atmosphäre der Gastfreundschaft vorfinden, wenn Sie zu einer ProChrist-Veranstaltung in Ihrer Nähe gehen. Alle Veranstaltungen an den einzelnen Orten beginnen um 19.30 Uhr.

Etwa zwanzig Minuten später beginnt dann die Übertragung aus Nürnberg. Von dort bekommen Sie Musikgruppen, Solisten, Theaterstücke und das ProChrist-Lied live auf eine Großbildfläche geliefert. Danach wird Ulrich Parzany zu Ihnen sprechen. In seinen Vorträgen behandelt er Themen, die aktuell und wichtig sind.

Sie werden schnell merken, daß der christliche Glaube keine verstaubten Antworten auf nie gestellte Fragen bietet, sondern wirklich aktuelle Antworten zu brennenden Fragen hat. Wenn die Übertragung aus Nürnberg beendet ist, geht es an den einzelnen Orten weiter. Ein ProChrist-Abend dauert ca. 1 bis 2 Stunden. Moderne Satellitentechnik macht es möglich, eine Zentralveranstaltung an vielen Orten zu erleben, die trotzdem nicht auf Lokalkolorit verzichten muß.

Bei ProChrist arbeiten Christen aus unterschiedlichen Kirchen zusammen. Sie wollen damit ein Zeichen der Hoffnung setzen in einer Zeit, die von Hoffnungslosigkeit und Angst geprägt ist. Ihre Zusammenarbeit soll auch zeigen, daß Christen unterschiedlicher Couleur an einem Strang ziehen können.

In einem Kuratorium haben sich Menschen aus verschiedenen gesellschaftlichen Gruppen hinter die Veranstaltungsreihe ProChrist '97 gestellt. Unter ihnen Politiker wie die Ministerpräsidenten Johannes Rau (Nordrhein-Westfalen) und Erwin Teufel (Baden-Württemberg) oder der parlamentarische Staatssekretär Dr. Horst Waffenschmidt und der bayrische Staatsminister des Innern, Dr. Günther Beckstein. Die Sportler Brita Baldus und Bernhard Langer stellen sich ebenso hinter ProChrist wie der „heute"-Nachrichtensprecher Peter Hahne oder der Fernsehdirektor des MDR Henning Röhl. Der Leiter des Thomanerchores in Leipzig, Prof. Georg Biller, und Alexander Graf zu Castell-Castell finden sich ebenso im Kuratorium wie führende Repräsentanten aus den Landeskirchen, z.B. der Präses der EKD-Synode Dr. Jürgen Schmude oder der bayrische Landesbischof Hermann von Löwenich.

Auch an den einzelnen Orten stellen sich Personen aus den unterschiedlichsten Bereichen hinter die Aktion. Den jeweiligen Trägerkreis können Sie von den Veranstaltern vor Ort erfahren.

*„Für mich spielt
der christliche Glaube
eine große Rolle.
Meistens lese ich
morgens oder vor
dem Schlafengehen
in der Bibel.
Ich weiß, daß mir
mein Glaube Kraft gibt.
Es gibt ja so viel
Wichtigeres im Leben
als einen kleinen
weißen Ball.“*

Bernhard Langer
Golf-Profi, gehört seit
vielen Jahren zur Weltspitze
und unterstützt
im Kuratorium die
Arbeit von ProChrist ’97

Aus Liebe zu den Menschen

Eines der größten Probleme unserer Zeit ist die Vereinsamung der Menschen. Das Leben spielt sich immer mehr in den vier Wänden der Wohnungen ab, und Kontakte gibt es zwar über die Arbeitsstelle, aber der Rückzug ins Privatleben ist bei vielen Menschen festzustellen. Irgendwann hat man dann sogar verlernt, wie man überhaupt eine Beziehung zu anderen aufbauen kann, und viele Gespräche bleiben an der Oberfläche hängen („Nein, was für ein Wetter." „Aber gestern war es ja noch viel schlechter." „Ich habe aber gehört, morgen soll es wieder schöner werden." „Die Wetterfrösche haben sich ja schon oft verkalkuliert." „Na, dann noch einen schönen Tag ..."). Auch in diesem Punkt möchte ProChrist '97 Anstöße zur Veränderung geben.

„Der christliche Glaube ist immer eine Gemeinschaftssache gewesen", sagt Ulrich Parzany. „Jesus ist nicht der Privatgötze für eine religiöse Nische, sondern er ist der Herr der Welt!" Deshalb findet ProChrist '97 auch nicht unter Ausschluß der Öffentlichkeit statt, sondern ganz im Gegenteil. Es gibt keinen Menschen, der sich ausgeschlossen oder als nicht eingeladen fühlen muß. Jeder ist herzlich willkommen. Auf der Rückseite dieses Buches können Sie erfahren, wo eine ProChrist-Veranstaltung in Ihrer Nähe stattfindet. Gehen Sie hin, schauen Sie sich das Programm an. Lassen Sie sich mit hineinnehmen und suchen Sie das Gespräch.

Sollten Sie nicht wissen, wo eine Veranstaltung in Ihrer Nähe stattfindet, oder Fragen zu ProChrist '97 haben: Wenden Sie sich direkt an

ProChrist e.V.
Wilhelmshöher Allee 258 · 34131 Kassel
Tel. 05 61 / 93 77 90 · Fax 05 61 / 9 37 79 37
e-mail Internet 101630.1335 @ compuserve.com

Die neuesten Informationen über ProChrist '97 und die Veranstaltungsorte finden Sie auch im **Internet** unter folgenden Adressen:
http:\\ www.prochrist.de
http:\\ www.jesus-online.de